Hans Georg Bulla

Nachtgeviert

„ein geöffnetes Fenster sagst du
aus dem das Licht fällt
so daß wir weiter sehen können…"

für
jürgen busch

mit allen guten wünschen
hans georg bulla
wehe, 24. märz 2000

# LYRIK EDITION
## STIFTUNG NIEDERSACHSEN

HERAUSGEBER HEINZ KATTNER

# HANS GEORG BULLA

# NACHTGEVIERT

## GEDICHTE

POSTSKRIPTUM

## ZURÜCK AN DEN SEE

Wir wechselten die Zimmer
trugen die Koffer
weiter bis der Blick
stimmte auf das Wasser
ein Spiegel der blinkte
bis ins Gedächtnis ein
lange gewünschtes Leben

## HAUS UND GARTEN

Den Namen gelesen auf dem
alten Klingelbrett und einmal
ums Haus. Der Garten liegt
still. Hierher kamen
ihre Briefe, die leuchten
wollten ohne Ende:
Ich werde kommen und
dich holen

# EINLADUNG

Die Karte später und blau
starrend von Wasser
festgehalten im Augenblick
des Überschlags der Wellenkamm

ein bißchen Dank und ein paar
Grüße und die Empfehlung falls
verlegen hin zu kommen
wegen der Wut und Gewalt

und der möglichen Stille

die will ich dir gönnen

# ZURÜCK

Im kleinen Weg standen
wir, mit dem Blick aufs
Wasser, auf der Terrasse,
auf den Tischen weiter vorn
vermehrte sich die Zahl
der Gläser, ein paar laute
Worte bis ich das Bild
fertig hatte und wir zurück-
gehen konnten zu den
anderen, nur eine Erinnerung
für später im Kopf als plötzlich
die eine Glühbirne knallte,
zerplatzte buchstäblich und
mich übersäte mit Splittern
Glas im Glas, zwischen den
Zähnen hatte ich einen Blitz
zu kauen

## TAGESLAUF

Ein kühler leerer Morgen dann
die Dienstgeräusche
die Lamellen legen ein Muster
auf die Wand das wandert
einen Tag lang
tief ins Zimmer ein
und verschwindet

# KRANKENHAUSFENSTER

Der Schatten des Baums
das Fingergeäst
liegt auf den beiden
leeren Bänken
gegenüber

VETERANENGESPRÄCHE

Keinen Krieg, nur zwanzig
Jahre Arbeit, auf der gleichen
Stelle, immer wieder den

Spaten angesetzt, gegraben.

## ABZEICHEN DES WINTERS

das setzt er spitz in den
Himmel zwischen die
dunkle Prozession der Bäume
ein blutleerer Rosenkranz
den die Krähen nachbeten
schwarz und schwärzer
die Toten frieren still
in meiner Brust

## NACHTGARTEN

Im Nachtgarten österlich
der Blick durchs Okular
ein klar schwarzer Himmel
in dem der Komet steht
ein geöffnetes Fenster sagst du
aus dem das Licht fällt
so daß wir weiter sehen können

## IM VERSTECK

was mir nahe ist in sichrer
Angst und ohne Ausflucht
die Dinge haben ihren Ort
auf Armlänge und Augenschein
der Krug die Flasche und das Tuch
unerreichter Trost zu sein
wie weiß das Ei und wie
zerbrechlich

NACHRICHTEN

Die Schrift schlägt durch
den tiefen Himmel lese ich
Erinnerung wird eingeschlagen in
die alten Zeitungen wirbeln auf
die Stimmen die Hilferufe dauern
wie die vier Jahreszeiten lang

## IN DER ARCHE

So hoch also kam das
Wasser gekrochen drängte
sich hier ins Haus zwei
Handbreit noch überm
Tisch mehr als zweimal
dreimal lassen sich die
Schränke nicht abnehmen
wieder anschrauben an diese
Wände die Nässe hält sich
länger jedes Jahr jedesmal
wir bleiben wir sind hier
zu Hause aber wir werden
schwimmen das nächste Mal
bis wir dann

## SAGT SIE

wiedersehen und erzählen
mach eine Geschichte aus
den letzten Jahren
die beiden Kinder und
das Haus mit eignen
Händen den Lehm
selbst beigebracht da
draußen auf dem Land
weit ab ja manchmal noch
in Gedanken im letzten
Sommer davor der Krieg
ist vorbei glaub mir
das ist alles
sagt sie

## KOLLEG

das Hochgelichter der Historie
hier fliegt's mir um die Ohren

auferstanden ohne alle Ordnung
auf jeder Narbe eine fremde Hand

ein blinder Flug tief ins Gewissen
soviel für heute bleibt Erinnerung

## GEHEN

die zerschlagenen Dörfer
von den Straßen weggesprengt

Zeltmissionen ziehen wieder auf
eifrig renkt das Land sich ein

braucht sich auf für Heimweh-
prediger für die Erinnerungsheiler

nun geht was kam wer kam
Heimatunglück in den Augen

## DER ERDE FLACH

Waren wir, erinner dich,
glücklich der Erde und allein,
vertaten den Tag und den andern,
der kam

Nun kühlt's uns aus, macht
kälter uns bis in die
Knöchelchen

Auf dem Rücken liegen, auf
dem Boden, wir der Erde flach

Wo es uns nicht mehr geben wird

NEIN

nichts, sehe ich, hat sich
verändert, wie vorher, sehe
ich, alles noch einmal,
ich spreche, ich rede, jetzt
ich höre schwer, laß mich
meine Geräusche machen
mit Mund und Zähnen, die
schlagen aufeinander, nichts
hat sich, ich sehe, verändert
nichts, ich selber nicht, ich muß
meinen Finger legen in seine
Seite, ich höre schwer, ich glaube
schwer, nichts, nicht

## VOR DEM VORHANG

das Buch liegt schon
geschlossen keine Wörter
mehr bis auf das eine
stumm vor dieser Welt
was geschieht ist aufgezeichnet
in die Bilder den Gedanken
eingemalt: es steht geschrieben
ein altes Blatt dreht sich
in der Hand dann zerfällt's

## ABSCHIED

Ist es Wasser, sind es Wellen?
Der Horizont liegt tief,
ein schmales Land, in dem
wir leben, eine Handvoll
Jahre zwischen Schnee und Sand.

Wir werden blind sein
von den eingeätzten Bildern,
aber durchlässig unsere Haut,
durchsichtig zuletzt.

## WÄCHST ZU

Wächst zu der Tisch mit
den Papieren, Büchern, voller
Geräusche das Zimmer, der Kopf,
das Gesende des Radios,
ich schreibe auf, ich
schreibe eine Stille auf

## SCHLAF

Auch das ist Arbeit
in den Schlaf zu kommen
unter einem giftigen Mond
und schwatzhaften Sternen aus Kunst

FEBRUAR

Wie schneevergessen
auf das Land gestreut
erinnert nichts als
Abgesang
die Dächer gnädig
halten uns im Innern
und Stein auf Stein
macht eine gute
Haut

WINTERBLAU

Schnee fällt auf den alten Wall
auf die Läufer die Schlittschuhläufer
die beneideten nicht stürzenden
die über den Graben fliegen
wie klein sie werden vor
dem Schnee der fällt der dauert
und wie sie leicht verschwinden

# HEREIN

Von rückwärts zu lesen
die Namensliste und die Lektion
jetzt bitte aufsagen wer möchte
glauben was zu lernen vom
Aprilmond die Stühle wieder
rücken vor die Wand
denn es klingelt an der Tür
herein herein die neuen
die Herren bitte Platz zu
nehmen

## JUNGE MIT UHR

Das Ende der Schule trägt
er auf dem Rücken geht
durch die Pfütze weiter
aufs hellere Haus zu
ein langer Schatten
der ihm folgen
wird

## VATER

Wie er das Brot den Laib
vor die Brust gehalten das
große Messer schnitt er
geschnitten hat er das Brot
als wir gesessen sind allein
saßen wir Geschwister am
Tisch

## ONKEL

Zu alt für den Matrosen-
kragen, also Uniform auf
Landgang, in der Luft im
Kettenkarussell, die Hand
am Sessel der Braut,
ja, Braut hat er damals
gesagt, sagt sie

Merkwürdig sein Bein ab-
geknickt, schon hier auf dem
Bild, das rechte Hosenbein um-
gelegt, so wie er danach
wiederkam

## TANTE

Ein endlich stiller Sommer-
tag auf ihrem Sofa, ein
Nachmittag mit Kaffee, Kuchen
und einem, bitte sehr, Likör

Wozu ist so ein Maul denn
gut, wenn nicht zu sagen
du hast überlebt bis jetzt, bis
hier, ja auch die Männer, paar

in deinem abgelebten Leben,
meinem

## TROST

Ein paar Spatenstiche
mehr den Fuß fester
aufgesetzt die Erde
schwerer als der Sommer will

Auf ihrem Rücken seine
Hand im Dunkeln sinken
alle Stimmen ab ins Flüstern
wir können jetzt verlorengehen

## WUNSCH

Leer will ich jedes Zimmer
bis auf Tisch und Stuhl
ein Glas ein Buch
eine Musik aus dem
Innern des Kopfes
die singt
die singt

## HOCHGEWACHSEN

Baum in schöner
Biegung der Wind
immer der Wind der
Bogenschütze legt
den Pfeil auf

## AUSGANG DES SOMMERS

Der Schreibtisch unter den
Bäumen was der Schatten
für sich behalten will die Schrift
verschenkt's Blätter bewegen sich
als ob jetzt der Wind

## ALLEIN

wie schnell gehn
die fünffingrigen Jahre
fort ein sechstes
eine Stummheit kriecht
auf die Schwelle
zurück

BITTE

treibt mich keiner ein
die Nacht geht an
tief im Geviert

ein zu enger Mantel
will mich decken

schließt mich ein in
Gegenwart und Gegend

Die Arbeit des Autors an diesem Buch wurde
durch den Deutschen Literaturfonds e. V. gefördert.

42

# HANS GEORG BULLA

Geboren 1949 in Dülmen/Westfalen. Studium der
Anglistik/Linguistik, Germanistik und Pädagogik.
Promotion. Lebt als Autor in der Wedemark.

Veröffentlichte Erzählungen, Essays, Kritiken und vor
allem Gedichtbände, darunter „Landschaft mit langen
Schatten" (1978) im Verlag Sauerländer, Aarau/Schweiz,
„Weitergehen" (1980), „Der Schwimmer" (1982),
„Kindheit und Kreide" (1986) im Suhrkamp Verlag,
Frankfurt/M., „Verzögerte Abreise" (1986, mit Zeich-
nungen von Rolf Escher) in der Basilisken Presse,
Marburg, „Die Bücher, die Bilder, die Stimmen" (1989)
und „Katzentage" (1990) bei Eric van der Wal,
Bergen/Holland, „Verlorene Gegenden" (1990, mit
Holzschnitten von Burkhart Beyerle) in der Pfaffenweiler
Presse, Pfaffenweiler, „Über Land" (1993, mit Radierun-
gen von Karl-Georg Hirsch, herausgegeben von
Peter Gosse) in der edition m, Leipzig, „Doppel" (1995)
bei Eric van der Wal, Bergen/Holland.

Preise und Stipendien, darunter „Marburger
Literaturpreis" (1982), „Förderpreis der Stadt
Konstanz" (1983), „Künstlerstipendium Worpswede"
(1983), „Annette-von-Droste-Hülshoff-Preis" (1985),
„Stipendium des deutschen Studienzentrums in
Venedig" (1988/89), „Niedersächsisches Künstler-
stipendium" (1990), „Kurt-Morawietz-Literaturpreis"
der Stadt Hannover (1996).
Mitglied im P.E.N.

# INHALT

Die Deutsche Bibliothek – CIP-Einheitsaufnahme

**Bulla, Hans Georg:**
Nachtgeviert : Gedichte / Hans Georg Bulla. – Hannover :
Postskriptum, 1997
   (Lyrik-Edition ; Bd. 3)
   ISBN 3-922382-76-2

LYRIK EDITION
STIFTUNG NIEDERSACHSEN
BAND III

HERAUSGEBER HEINZ KATTNER

ISBN 3-922382-76-2

© 1997 Postskriptum Verlag · Hannover

Einband, Layout, Typographie
Hugo Thielen · Hannover

Gesamtherstellung
Hagemann Druck · Hildesheim

Gesetzt aus der Walbaum Roman 9,7 auf 14,2 Punkt,
gedruckt auf Munken Pure Werkdruckpapier 150 g/qm,
gebunden in Regent-Leinen